# La verdad sobre zombis y vampiros

## Alexander Rosacruz

Editorial Anuket

# Índice:

# Capítulo 1
# Zombies, su historia

**Zombis haitianos**

Los zombis están bien arraigados en las historias y la mitología haitianas. Los investigadores que han estudiado la cultura haitiana han contado innumerables historias de víctimas cuyos cuerpos fueron devueltos a la vida por "bokors" o hechiceros.

Esos zombis son esclavos sin sentido. No son conscientes de sí mismos y no son particularmente peligrosos a menos que se les dé sal que restaure sus sentidos y conciencia. Historias como estas son como historias de fogatas: aprovechan los miedos más profundos del oyente y parecen creíbles a pesar de su improbabilidad.

Incluso después de estudiar numerosas historias y rumores, los investigadores no han encontrado pruebas convincentes para reconocer el fenómeno de la zombificación de las personas.

A menudo, los supuestos zombis recibían poca o ninguna atención médica hasta su aparente muerte, simplemente cayendo en una postración debido al agotamiento psicológico. Los investigadores se han enfrentado a errores de identidad y fraude.

Y, sin embargo, el fenómeno no puede descartarse por completo, porque realmente hay casos únicos.

## El caso más asombroso

La historia comienza en 1962, en Haití. Un hombre llamado Clairvius Narcisse fue vendido a un señor zombi por sus hermanos porque se negó a vender su parte de la tierra familiar. Poco después, Clairvius murió "oficialmente" y fue enterrado. Sin embargo, más tarde fue desenterrado y puesto a trabajar en una plantación de azúcar, junto con muchos otros zombis. Después de que el señor de los zombis muriera en 1964, Clairvius vagó a lo largo y ancho de la isla en un trance psicótico durante 16 años. Las drogas que habían inducido su psicosis estaban comenzando a desaparecer gradualmente. En 1980, se encontró con su hermana en un mercado y la reconoció. Ella no lo reconoció, pero él la convenció de su identidad contándole diferentes momentos de su infancia, que solo él podía conocer.

Los científicos consideraron el caso como una posible evidencia de zombis haitianos. De hecho, según los documentos, Clairvius había muerto y sido enterrado. Cuando su cuerpo desapareció, la familia lo reportó como robo de cadáver. Cuando las autoridades entrevistaron al sujeto, pensando que se trataba de una estafa, el hombre respondió a todas las preguntas sobre su familia y su infancia. Finalmente fue reconocido por familiares y amigos.

Clairvius fue el impulso para el Proyecto Zombie, un estudio de los orígenes de los zombis realizado en Haití entre 1982 y 1984. Durante este tiempo, el etnobotánico y antropólogo Dr. Wade Davis viajó por todo Haití con la esperanza de conocer el origen de los zombis haitianos.

Davis viajó a la isla caribeña con una solicitud de Nathan S. Kline. El doctor no creía y sospechaba de algún tipo de fármaco responsable de la aparición de los zombis. Debido a que la droga podría tener usos médicos, particularmente en el campo de la anestesia, Kline esperaba recolectar muestras, analizarlas y determinar cómo funcionaban.

Davis aprendió de los haitianos que creían en zombis, que la brujería bokor no tenía nada que ver con drogas o venenos. Según las leyendas locales, el bokor captura una parte del alma de la víctima elegida, que está directamente conectada con la persona.

Sin embargo, este investigador curioso descubrió que, en sus rituales, el bokor usaba polvos complejos hechos de plantas y animales secos.

Davis recolectó ocho muestras de polvo zombie de cuatro distritos de Haití. Los ingredientes no eran idénticos, pero siete de las ocho muestras compartían ingredientes comunes:

• Una o más especies de peces que contienen una neurotoxina mortal llamada tetrodotoxina.
• Rana marina (Bufo Marinus o rana), que libera sustancias altamente venenosas y tóxicas
• Los polvos contenían ingredientes vegetales y animales, como lagartijas y arañas. ¡Algunos incluso incluían vidrios rotos!

El uso del pez globo intrigó a Davis. La tetrodotoxina causa parálisis y muerte, y las víctimas de envenenamiento por tetrodotoxina a menudo permanecen conscientes hasta la muerte.

La parálisis bloquea la respuesta a los estímulos externos, como en el caso de Clairvius. Hay otros casos conocidos en medicina en los que las personas han tomado tetrodotoxina y parecían estar muertas, aunque luego se recuperaron por completo.

Tal vez, sugirió Davies, el polvo aplicado tópicamente irritó y penetró la piel de la víctima. Si era una bebida, la tetrodotoxina la hubiera paralizado de inmediato. En todas las aplicaciones con esta sustancia, la persona envenenada pare muerta. El brujo, debe haber esperado que la familia enterrara a la víctima, para luego sacar el cuerpo con pequeños signos vitales, y entregárselo al futuro "propietario".

Hay que tener en cuenta que el cuerpo del zombi debe haber requerido una "alimentación" constante de polvo de zombi para mantener a la víctima bajo control. En este caso no hay un zombi clásico, que se da cuando el cuerpo está absolutamente muerto, con las extremidades rotas, incluso con la cabeza dañada, pero continúa moviéndose en busca de comida. Mientras que la situación en Haití, más bien parecía, una especie de negocio de un mago que proporciona esclavos a los clientes.

Si bien la teoría de Davis fue prometedora, tuvo algunos vacíos, que se encargaron de señalar los científicos que la analizaron.

## El estudio

Hay varios orígenes posibles para el término zombi. Estos incluyen jumbie, un término de las Indias Occidentales para "fantasma" y "nzambi kongo", que significa "espíritu del hombre muerto".

A primera vista, la investigación de Davis parece bastante aceptable. La tetrodotoxina definitivamente causa parálisis y muerte. Aunque hay algunos casos en los que las personas se han recuperado de una intoxicación por tetrodotoxina casi fatal. Para muchas personas, la teoría de un doctorado en antropología es suficiente, pero los científicos son personas muy meticulosas que necesitan evidencia más completa.

Algunas de las muestras que Davis trajo a los Estados Unidos dieron resultados visibles cuando se probaron en la piel de ratas y monos rhesus. Los sujetos instantáneamente cayeron en letargo, quedaron completamente inmóviles, perdieron sus reacciones a los estímulos externos... desafortunadamente, los sujetos no se zombificaron y no murieron, en general se recuperaron por completo.

Posteriormente, surgieron preguntas sobre la legitimidad de la investigación de Davis y los componentes reales de las muestras traídas de Haití. Los científicos preguntaron:

• Si notó la profanación de tumbas al recolectar los ingredientes del polvo
• Si los experimentos iniciales con el polvo de prueba fueron realizados por especialistas científicos

•	Si se agregaron otras sustancias al polvo de prueba
•	Se verificó la integridad original del polvo entregado

Las preguntas sugirieron que las muestras de polvo casi no contenían tetrodotoxina. Colocar el polvo en la solución de prueba puede hacer que los ingredientes activos se descompongan, explicó el investigador del fenómeno zombificado haitiano.

Otros detalles quedaron claros: Davis repitió la aplicación del polvo usando ratas y no obtuvo absolutamente ningún efecto. Después de examinar a varios presuntos zombis con la ayuda de especialistas, se encontraron signos claros de enfermedad mental.

Mucha gente ve el trabajo de Davis como la única explicación posible para el fenómeno zombi en Haití. Otros lo descartan como poco científico y muy dudoso, si no, un engaño.

De hecho, a pesar de la improbabilidad del fenómeno zombificado, el trabajo de Davis es el más informativo en esta área porque no se ha realizado ninguna otra investigación. Otra cosa también es obvia: en las regiones remotas del planeta, puede haber secretos transmitidos estrictamente dentro de la familia, incluidas "recetas" para una preparación infernal.

Según las teorías de Davis, una persona envenenada con polvo de zombi haitiano se pone en movimiento en el ataúd o después de ser exhumado. Si el procedimiento no va según lo planeado, entonces el bokor tiene un mecanismo de protección. Sin embargo, el polvo puede matar a la víctima de forma completa e irrevocable.

Aunque los zombis aparecieron por primera vez en el cine en 1919, muchos citan a George A. Romero como el que estableció el estándar para los zombis modernos. En la película clásica "La noche de los muertos vivientes", Romero representó a los zombis como cadáveres que se movían lentamente reanimados por la radiación de un satélite que regresaba de Venus.

La radiación golpeó a los muertos recientes y los zombis resultantes se volvieron invulnerables hasta que alguien les destruyó el cerebro o les separó la cabeza del cuerpo. Afortunadamente, en "La noche de los muertos vivientes", los zombis eran estúpidos, ajenos. El uso de objetos improvisados para aniquilarlos se limitaba al uso de garrotes.

En el trabajo posterior de Romero, los zombis se volvieron notablemente más inteligentes y conscientes de sí mismos, aunque todavía se movían lentamente y tenían una inteligencia mínima.

Muchos autores han utilizado el concepto de zombi de Romero:

• Cadáveres reanimados por radiación, químicos, virus, hechicería o desastres naturales
• Personas y animales son zombificados, aunque los gatos no están sujetos a zombificación
• Muy fuertes, pero no muy rápidos, más bien inactivos

•    Inmunes al dolor y capaces de funcionar con cualquier herida al cuerpo excepto la decapitación o la destrucción del cerebro

•    Tienen miedo al fuego y a los destellos brillantes.

Se cita muy a menudo en las novelas y películas que el virus "zombismo" es extremadamente contagioso, incluso un rasguño tendría tristes consecuencias. Las personas mordidas por zombis a menudo se convierten rápidamente en zombis mientras aún están conscientes.

En otros casos, las personas mueren por un mordisco y luego son reanimadas con el mismo poder que otros zombis. Con todo, esta rápida "virulencia por mordedura" conduce a una verdadera plaga de zombis en la que los muertos vivientes superan en número a los vivos.

Los zombis son muertos vivientes, pero no todos los muertos vivientes son zombis, y un cadáver resucitado no siempre es un zombi. ¿Crees que es una paradoja? De nada. Por ejemplo, los monstruos de Frankenstein, ensamblados a partir de diferentes partes del cuerpo, no son zombis porque tienen inteligencia y conciencia.

Las momias pueden tener un parecido sorprendente con los zombis, hasta el habla gutural y un andar tembloroso. Sin embargo, la preservación física deliberada de la momia los distingue de los zombis ordinarios.

## El origen moderno del tema zombie

El tema de convertir a la mayoría de la población mundial en hordas de zombis que deambulan por las calles, cazando a un puñado de supervivientes, ha rondado las mentes de los humanos durante décadas. El interés por los zombis luego se desvanece y luego se reanuda con renovado vigor. Curiosamente, Estados Unidos es el principal proveedor de películas, juegos y libros sobre muertos vivientes. Además, allí se preparan con toda seriedad y responsabilidad para el apocalipsis zombi.

El miedo a las hordas de muertos vivientes, hambrientos de carne viva, está profundamente grabado en el estadounidense promedio en la calle. Los kits anti-zombis, que incluyen machetes, cuchillos y rifles, comenzaron a producirse en las armerías, aparentemente como una broma, pero en la actualidad se consiguen con facilidad. El hijo del famoso comediante Mel Brooks, Max, también echó leña al fuego, lanzando su famosa Guía de supervivencia de zombis, que formó la base de la verdaderamente aterradora y realista (a diferencia de la adaptación cinematográfica) Guerra Mundial Z.

El Pentágono tiene a su disposición el plan CONOP 8888, que contempla acciones para repeler un ataque de una horda de muertos y mantener el orden público entre los sobrevivientes. Es cierto que los militares afirman que la imagen de los zombis se eligió para evitar cualquier connotación política, pero es difícil imaginar que los paracaidistas chinos o los grupos islamistas de sabotaje se comporten como manadas de muertos vivientes, corriendo sin pensar bajo el fuego de las ametralladoras, llenando los puntos de fuego con sus cuerpos.

En 2002, por ejemplo, se informó que un "zombie" llegó a tierra en la isla de St. Thomas, que es parte de las Islas Vírgenes de los Estados Unidos. Según los periódicos locales, que luego circularon por todo el mundo, el cuerpo de un hombre "con la piel muy desollada" llegó a la orilla. Cuando un equipo de policía llegó a la playa, el hombre ahogado se levantó de un salto y atacó a los agentes del orden. Al mismo tiempo, varios disparos al cuerpo por parte de los policías confundidos no surtieron efecto, y los policías tuvieron que hacer una retirada táctica, abandonando sus armas reglamentarias. Sin embargo, entre los mirones que se congregaron para observar al muerto se encontraba un valiente que tomó un arma y disparó al caminante tres veces en la cabeza, tirándolo al suelo. Posteriormente, el cuerpo fue llevado por médicos militares,

En 2012, la primera ministra australiana, Julia Gillard, conocida por su comportamiento excéntrico, comenzó a hablar sobre el apocalipsis zombi. Antes de la significativa fecha del 21 de diciembre de 2012, cuando se suponía que el mundo terminaría según el calendario maya, anunció que protegería a los australianos de cualquier amenaza, incluidos los "zombis sedientos de sangre".

En el mismo 2012, en las calles de Miami, la policía le disparó a un hombre que atacó a un vagabundo y literalmente lo mató en la cara. Según la policía, la víctima no tenía piel en la frente, los labios y la nariz. Al mismo tiempo, para matar al caníbal, se necesitaron seis disparos, ¿por qué no la misma invulnerabilidad de los zombis? Posteriormente se registraron varios casos similares, y en todas partes los atacantes se encontraban bajo los efectos de una droga sintética, más conocida como sales de baño.

Las drogas son drogas, pero todos estos casos muestran que hay áreas en el cerebro humano cuya activación o desactivación, químicamente o de otro modo, hace que literalmente cace y se coma vivos a los de su propia especie. Esto también incluye a las avispas que ponen huevos dentro de los cuerpos de las arañas, obligándolas a tejer capullos protectores para las crías de avispas en lugar de una telaraña.

Ni siquiera se puede hablar de la rabia, o, mejor dicho, de su segunda etapa: la agresividad y la fuerza "sobrehumana" son uno de los síntomas de la enfermedad en los humanos. Pero incluso el virus de la gripe puede controlar a una persona. La Universidad de Binghamton en Nueva York señaló que los participantes del grupo experimental, que fueron vacunados con el virus de la gripe, en lugar de una vida tranquila y mesurada, de repente desarrollaron actividad social, asistiendo a fiestas y bares llenos de gente, donde el virus se propaga con mayor facilidad.

Parece que modificando genéticamente el mismo Cordyceps o los agentes causantes de la rabia y la toxoplasmosis, los científicos pueden obtener un virus zombie. Y si se libera, entonces no tendremos que esperar un resultado exitoso: según la investigación del profesor Robert Smith de la Universidad de Ottawa, la humanidad tendrá muy pocas posibilidades con tal resultado. Por ejemplo, una ciudad con una población de 500 mil habitantes puede convertirse en una horda de muertos vivientes en solo tres días si solo hay un infectado en ella. Es posible neutralizar la amenaza solo gracias a ataques masivos bien definidos y bien organizados contra personas que caminan a pie y un conjunto serio de medidas preventivas, que es difícil de implementar en las condiciones del caos que surgió en tal caso.

Resulta que el peligro de un apocalipsis zombi, aunque no muy grande, todavía existe, y quizás no se debería ridiculizar a esos "precavidos" que cavan búnkeres, se abastecen de suministros y derriban las cabezas de los objetivos de crecimiento en el campo de tiro.

La diferencia entre un humano y una rata no es tan grande, no en vano se prueban nuevos fármacos en ratas. Ahora imagine que un poco menos de la mitad de la humanidad (esa es la cantidad de personas infectadas con toxoplasmosis hoy en día) perderá su sentido de autoconservación y perderá la cabeza. (Queremos decir incluso más que ahora). Esto puede suceder si la toxoplasmosis decide evolucionar.

Cabe señalar aquí que, técnicamente, las personas infectadas con Toxoplasma no pueden ser consideradas zombis en sentido estricto, porque nunca murieron. Pero difícilmente te consolará si comienzan a golpear tus ventanas.

## Los vampiros de hoy en día

La investigación científica se basa en dos puntos de vista opuestos de las criaturas bebedoras de sangre.

El primero: los vampiros son irreales y las leyendas se basan en cuentos populares de miedo. Con base en la biología y la medicina, los síntomas son refutados. La "incorruptibilidad" del cuerpo puede ser causada por la composición específica del suelo, las posturas antinaturales de los muertos se explican por el castigo antiguo: el entierro vivo.

El segundo: el mito de la existencia de vampiros se basó en una enfermedad genética: la porfiria (que abordaré más adelante). Así mismo, existe el síndrome de Renfield. Este es un trastorno mental cuando el paciente bebe sangre de animales e incluso humanos. Esta enfermedad afecta a algunos de ellos asesinos en serie.

## La vampirología

La ciencia de los vampiros afirma su existencia en el mundo real, pero no define quiénes son. Algunos investigadores creen que están muertos, que han sufrido mutaciones genéticas o que han sido mordidos por un animal vampiro. Otros vampirólogos afirman que los seguidores del ritual de "comer sangre" se convirtieron en vampiros. Por ejemplo, los antiguos aztecas creían que, al comer sangre humana, se volvían inmortales.

Se cree que los vampiros son personas que han hecho un trato con el diablo por la vida eterna, que debe alimentarse con sangre. La búsqueda de pruebas de la existencia de vampiros en 1974 llevó al científico Stefan Kaplan a crear un centro para el estudio de criaturas bebedoras de sangre en Nueva York. Según el investigador, encontró una gran cantidad de vampiros vivos que parecían ser personas comunes. ¿Qué conclusiones sacó Kaplan? Existen en nuestro mundo. El miedo al sol se vence con la ayuda de gafas protectoras y crema. Las uñas y los colmillos no son sospechosos. La sed de sangre no es fuerte, una sola inyección varias veces a la semana es suficiente. No son agresivos y pueden crear familias felices.

Los Bloods pueden beber sangre animal, pero le sabe diferente. El entorno los considera mentalmente insalubres, pero el científico afirma que la sed es fisiológica, no un problema mental. No deben ser tratados como criaturas salvajes y agresivas. Las historias de vampiros son muy antiguas y se han convertido en parte del folclore. Es el misterio que les rodea lo que alimenta cada vez más su interés.

# Capítulo 2
## Los zombies y la ciencia

"¿Será posible que los zombis realmente pueblen la tierra?" es una pregunta que recientemente llamó la atención de varios científicos, quienes se declararon fascinados por este tema y realizaron una serie de estudios sobre varias especies de seres vivos.

Aunque las hordas de muertos vivientes que aterrorizan a ciudades enteras de personas representan un tema ya abordado en varias películas y series pertenecientes al género de terror, los zombis, por supuesto, no existen en el mundo real. "¿Debería serlo realmente?", se preguntaron varios investigadores.

En realidad, cada vez hay más documentación de varios parásitos que pueden alterar el comportamiento de los seres vivos que han elegido como huéspedes, y cada vez más estudios muestran que los humanos tampoco son completamente inmunes a este tipo de manipulación "al estilo zombi".

El tema fascina a Athena Aktipis, profesora de biología en la Universidad de Arizona en Tucson, quien también es autora de un podcast llamado "Zombified". "Más de la mitad de las especies que conocemos en la Tierra son parásitos", supo explicar la catedrática. "Un hongo puede controlar una especie de hormiga. Un ejemplo de esto es el hongo Ophiocordyceps. Libera esporas a la atmósfera que, al infectar el cuerpo de cierta especie de hormiga, le permiten tomar el control de su actividad motora. El hongo obliga así al insecto a alejarse de las plantas, antes de morir, afectado por una infección. Luego, un nuevo hongo crece de la cabeza de la víctima y, a su vez, libera esporas que afectarán a otras hormigas, repitiendo así el mismo ciclo en un intervalo de dos a tres semanas". "Estamos completamente convencidos de que estos comportamientos de las hormigas benefician por completo a dicho hongo".

Otro ejemplo es el de las avispas galas, que son objetivos de otras avispas parásitas. Kelly Weinersmith, profesora de biología en la Universidad Rice en Houston, formó parte de un equipo de investigadores que descubrió un fenómeno especial. Al principio, todo parece ir con normalidad: la primera avispa pone huevos en una cavidad formada en la corteza de un roble, llamada "cripta". La larva crece allí y luego roe las paredes de la cavidad para salir al aire libre al final de su ciclo de crecimiento. Pero cuando una avispa de la segunda especie encuentra una de esas larvas, coloca su propio huevo en la "cripta" y el parásito entra en acción. El parásito manipula la primera larva, que mientras tanto se ha convertido en una avispa joven, para que no roe lo suficiente en las paredes de la cavidad y para que sea demasiado pequeña para poder salir. Así, la avispa joven queda atrapada, solo sobresale la cabeza. "Una vez que está atrapado allí, el parásito come (la primera avispa) desde adentro", explicó Kelly Weinersmith. "Y cuando el parásito ha completado su período de desarrollo, devora la cabeza de su huésped y sale por la cabeza.

Un tercer ejemplo es el del parásito Toxoplasma gondii que prospera en los intestinos de los gatos y que habría infectado más de 40 millones de estadounidenses, según el Centro para la Prevención y el Control de Enfermedades (CDC) de Estados Unidos, y que en ciertos estudios se ha demostrado que también podría influir en el comportamiento humano. Este parásito se desarrolla inicialmente en los intestinos de los felinos, y ha evolucionado para hacer que las ratas infectadas se sientan atraídas por la orina del gato portador. Así, las ratas se acercan al gato, y éste puede comérselas, cerrando así el círculo vicioso de la infección. "Si esto no es zombificación, ¿entonces qué es?", se ha preguntado la investigadora Athena Aktipis.

Las personas pueden infectarse al comer carne poco cocida o contraer el parásito de su mascota, por ejemplo, al limpiar su caja de arena. Algunos estudios han reportado un vínculo entre la infección cerebral causada por este parásito y ciertos rasgos de personalidad, como la agresividad, aunque otras investigaciones han cuestionado los resultados iniciales. La agitación, en general, induce un estado de agresión en animales y personas. Pero el salto evolutivo del parásito tendría que ser considerable para que pudiera hacer con los humanos lo que hace con las ratas. Estamos, por tanto, todavía lejos del momento en que pudiéramos ver hordas de zombis en plena calle.

**Neurotoxinas**

Algunos venenos pueden ralentizar tanto las funciones vitales que los médicos declaran la muerte. Tales neurotoxinas incluyen, por ejemplo, veneno para peces fugu (en pequeñas cantidades causa parálisis y coma letárgico). Muy a menudo, después de salir del coma, una persona pierde la memoria y solo puede realizar las tareas más simples: comer, dormir y deambular con los brazos extendidos.

Como ha hemos comentado, un caso similar sucedió en Haití, el lugar de nacimiento de la palabra "zombie". En 1980, apareció inesperadamente un hombre al que consideraban muerto desde 1962, y que declaró durante 18 años había sido un zombie. El hombre afirmó que lo obligaron a tomar algún tipo de bebida, luego de lo cual los médicos lo declararon muerto (incluso se encontró un certificado médico). Pero este aldeano no había muerto, sino que sirvió como zombi a cierto hechicero bokor.

Los hechiceros haitianos usaban zombis (en los que "mataban" personas con el veneno de la rana bufo marinus y la planta con el nombre parlante "pepino zombi") para trabajar en las plantaciones de azúcar.


**Virus**

En las películas de zombis, la causa de la pandemia suele ser un virus que convirtió a las personas en asesinos sin sentido en segundos. En realidad, algunos trastornos mentales pueden conducir al mismo resultado. Son, por supuesto, inofensivos. Eso fue antes de que llegara la enfermedad de las vacas locas. La enfermedad ataca el cerebro del animal y causa síntomas similares a los de la rabia. Los primeros casos de la enfermedad se detectaron en 1968 en Inglaterra y luego en otros países europeos.

En una persona infectada con la enfermedad de las vacas locas, el comportamiento cambia, los movimientos se vuelven descoordinados, a veces aparecen convulsiones, alucinaciones y delirio. Hasta la fecha, no hay tantos casos humanos de enfermedad de las vacas locas que podamos hablar seriamente de una epidemia, pero, sin embargo, esto demuestra que teóricamente existe la posibilidad de que una enfermedad contagiosa afecte el cerebro humano. Tal virus se transmitirá a través de las picaduras.

**Neurogénesis**

¿Qué sabes sobre las células madre? Básicamente, todo lo que necesitas saber sobre ellas es que se utilizan para regenerar células muertas. Por lo tanto, el interés de los zombiólogos (si es que existe) puede dirigirse a la restauración del cerebro de un cadáver con la ayuda de células madre.

La muerte cerebral es quizás el evento más desagradable que le puede pasar a una persona. Los científicos han aprendido a hacer crecer órganos, pero si el cerebro se ve privado de oxígeno durante un corto período de tiempo, entonces las conexiones nerviosas no se pueden restaurar, lo que significa el final de la personalidad humana en la forma en que existía antes. Pero con los logros de la ciencia moderna, los científicos pueden reanimar el cerebro y, como resultado, obtener un ser vivo desprovisto de actividad nerviosa superior. Exactamente lo que podemos llamar un zombi real: los muertos vivientes.

**Nanobots**

No muy lejos está la creación de nanovirus que puedan multiplicarse en el propio cerebro y restaurar las conexiones perdidas entre las células nerviosas y los pensamientos del programa. Los científicos ya han creado un nanocyborg unicelular insertando un chip de silicio en un virus. Tal virus puede existir hasta un mes después de la muerte de su huésped. Por lo tanto, imaginemos una situación en la que se implantan nanobots en el cerebro humano, capaces de funcionar después de su muerte. Pueden reprogramar las conexiones neuronales y hacer que el cuerpo se mueva hasta que se pudra. Después de eso, los nanobots tendrán que mudarse a un nuevo anfitrión, agregando un nuevo miembro al ejército de muertos vivientes.

**La ciencia niega la posibilidad de zombies**

Hay varias buenas razones por las que los zombis no pueden existir y, en principio, no pueden ser parte del mundo real. Y solo el poder de la magia puede explicar la existencia de los zombis.

1) En primer lugar, a menudo en las películas, la literatura y los juegos, el cerebro zombi está completamente muerto, impulsado solo por el reflejo del hambre sin fin. Pero el cuerpo no puede funcionar sin el cerebro por mucho tiempo después de la muerte, y el alcance de su desempeño se limita a unos pocos reflejos y funciones corporales mínimas.

2) En segundo lugar, un cadáver en descomposición, aunque infectado con un supervirus, no puede moverse, caminar y mucho menos correr, aunque parte del cerebro esté vivo y continúa enviando impulsos a las extremidades, porque las células musculares están muertas y los impulsos. no llegan a las neuronas de las fibras musculares, que a su vez no pueden contraerse.

En la carne podrida, las células están muertas y cualquier movimiento necesita impulsos. Aunque el muerto sea nuevo y fresco, los impulsos a sus células llegarán cada vez más lento, porque sin irrigación sanguínea, la actividad vital de las células es imposible, por lo tanto, morirán y comenzará la descomposición.

3) El corazón no funciona: los tejidos no reciben oxígeno, no hay procesos bioquímicos importantes responsables de la producción de energía con la que se mueven las extremidades. En un cuerpo donde el corazón y, en consecuencia, los pulmones no funcionan, los procesos aeróbicos a largo plazo, es decir, el movimiento, no pueden tener lugar, porque no hay circulación sanguínea ni suministro de oxígeno.

Pasar la mano es un espasmo muscular, pararse sobre dos piernas y moverse es un proceso complejo y que consume energía, que, en primer lugar, requiere impulsos del cerebro y, en segundo lugar, energía para el movimiento.

Al menos en relación con estos 3 aspectos importantes, la humanidad nunca experimentará un apocalipsis zombie en todo su esplendor. No saquees las ruinas de tu ciudad, luchando contra muertos vivientes agresivos con un machete o un rifle en tus manos. Levantar un cadáver de la tumba y hacerlo caminar y atacar a otros solo se puede hacer con magia, capaz de mover incluso células muertas y un cerebro no funcional.

La película de apocalipsis zombie más cercana a la realidad es 28 Weeks Later. En la película, el virus que convierte a las personas en "zombis" se llama virus de la ira y no mata a sus portadores, privándolos del control sobre sus acciones y dándoles superpoderes, que es muy similar al virus de la rabia.

También transmitido a través de la saliva o la mordedura, el virus atacó el cerebro y se propagó a lo largo de las vías nerviosas. Las emociones están controladas por los lóbulos frontales del cerebro, que tienen regiones profundamente arraigadas responsables de emociones primitivas como la agresión y el hambre.

La parte del cerebro responsable de las acciones recibe señales de ellas y controla estas emociones activando una función de apagado. Es obvio que cuando el cerebro está dañado, las funciones de parada dejan de funcionar, lo que provoca ataques de ira, y durante la agresión se liberan hormonas (testosterona, adrenalina, etc.) y enzimas que contribuyen a la aparición del superpoder, que ya está en marcha. el potencial del cuerpo humano.

Sí, no debemos olvidar que una persona no utiliza todo el potencial inherente a la naturaleza. Sí, en situaciones extremas con mucha adrenalina, las personas pueden correr más rápido o levantar cosas pesadas que normalmente no podrían levantar. En estos casos, el cuerpo trabaja por desgaste, pero este es el funcionamiento del cuerpo controlado por el cerebro.

# Capítulo 3
# Apocalipsis zombie

Vivimos en un mundo cambiante e impredecible. Antes de que la humanidad pueda esperar cualquier giro. Por eso, es recomendable prepararse para los eventos más increíbles. Por ejemplo, ¿sabes cómo sobrevivir a un apocalipsis zombie? ¿No puedes imaginar lo que es? Entonces estás de suerte. La mayoría de la población ya ha oído hablar de posibles infecciones que convierten a la gente común en espíritus malignos sin sentido que solo tienen una pasión: infectar a todos los que los rodean. Tratemos de descubrir cómo sobrevivir en un apocalipsis zombie y si existe, en principio, tal posibilidad.

En los últimos años, el tema de los zombis se ha desarrollado y tomado una fuerte posición en nuestra cultura. Especialmente en los últimos años, se ha popularizado la idea de un apocalipsis zombi, donde los restos de la humanidad luchan por su lugar en el planeta junto a los muertos vivientes, como en la serie de televisión The Walking Dead.

La mayoría de las veces, la aparición del primer cadáver resucitado no se menciona en ninguna parte, y el secreto de cómo comenzó todo no se revela. En algunos escenarios de películas de desastres, el comienzo del apocalipsis es una enfermedad infecciosa.

La mutación del organismo se debe a la transmisión de un patógeno de una persona a otra a través de un virus (como en "Resident Evil") a través de una mordedura.

A menudo, el escenario para el comienzo del "fin del mundo" es un accidente en una instalación secreta o en un laboratorio científico secreto, del cual surge un virus mortal que convierte a las personas en caníbales eternamente hambrientos (como en el film "28 días después").

La aparición de zombis agresivos también se asocia con la magia, especialmente la magia vudú, por la cual el zombi obedece las órdenes de alguien (como en la película de 1932 "Zombie blanco") o se inculca un demonio o un espíritu maligno en un cadáver. Además, una de las opciones para la aparición de zombis se reconoce como el "castigo de Dios", una especie de variante de la quema de cerebros, donde solo hay un objetivo: comer.

Durante mucho tiempo se ha demostrado que no puede existir en el mundo real, incluso si la idea de un apocalipsis zombie es fascinante; supervivencia extrema en terribles condiciones de lucha contra un enemigo sobrenaturalmente poderoso, casi indestructible.

**¿De qué evento estamos hablando?**

Digamos de inmediato que nadie ha descrito científicamente la situación en la que la mayor parte de la población mundial cae bajo la influencia de un virus ahora desconocido. Tales horrores se encuentran en películas y libros. Pero un apocalipsis zombie en la vida real no es menos probable que una guerra nuclear. Puede suceder aún más repentinamente, sin preparación. Por ejemplo, el motivo de la transformación de personas en zombis será uno de los virus desconocidos para la ciencia, que reposa en la espesura de los glaciares, que para aquella época era inocuo para los dinosaurios, pero se ignora cómo afectaría a los humanos. Y el hecho de que se están derritiendo a un ritmo cada vez mayor es informado regularmente por los medios de comunicación, y los expertos no prevén que este proceso se detenga. Es decir, asumir el inicio de un fenómeno como un apocalipsis zombie en la vida real es prepararse para el peligro.

Empecemos aprendiendo a que seres nos enfrentaríamos:


## ¿Quién es un zombi?

La ciencia no puede responder a esta pregunta con certeza. Probablemente, tales desarrollos estén en marcha, pero ocultos, sin anunciar los resultados a la sociedad. Usaremos la información que se opera en Hollywood. Los zombis son personas que han sido atacadas por virus, de hecho, los muertos han vuelto a la vida. Sus principales características:

- Se alimentan de carne humana
- Se mueven lentamente, pero constantemente
- Prefiere cazar en grandes grupos
- Mueren con la destrucción física del cerebro
- Responden a los sonidos, la luz, y el olor.

Muchos mitos de zombis surgieron de supersticiones africanas y caribeñas. Esto no es sorprendente dada la gran cantidad de zombis en las regiones tropicales donde los humanos zombis se utilizaron como mano de obra gratuita.

Desde su primera aparición en la historia, los zombis han tenido un profundo impacto en nuestro mundo, desde la religión hasta el arte. Es difícil encontrar un aspecto de la sociedad que no haya sido afectado por los muertos vivientes. Sin embargo, sin profundizar en el alcance del fenómeno, simplemente consideraremos las capacidades no documentadas pero declaradas de los zombis.

Catatonia, temperatura fría, sangre negra, sin sangrado: el corazón de los muertos no funciona. Las víctimas muertas de una mordedura están impulsadas por un instinto: la búsqueda de carne viva, comida (este zombi difiere de los zombis haitianos, que simplemente están controlados por el "propietario").

Esto sucede en casi todas las películas de apocalipsis zombie, cuando hordas de cadáveres se mueven hacia personas escondidas en busca de comida. Los zombis son implacables y no prestan atención al dolor: no hay receptores, las conexiones neuronales están rotas.

El cuerpo de un zombi muerto funciona debido al poder del "supervirus", cuando revive el cuerpo con una conciencia muerta, por lo que incluso pierde extremidades. Mordidos o arañados por los infectados, mueren y luego regresan como zombis para que evolucionen rápidamente y se apoderen de los territorios.

## ¿A qué le temen los zombis?

Razonemos. Partimos del hecho de que los zombis son cuerpos que han conservado la capacidad de moverse de alguna manera en busca de comida, pero han perdido todas las demás cualidades humanas, incluidos los sentimientos. El miedo es uno de ellos. El miedo, como descubrieron en la antigua Grecia, es uno de los instintos básicos del ser vivo, pero en este caso, hablamos de un ser muerto, es decir: los zombis no tienen emociones, estas criaturas son incapaces de asustarse a priori. Es imposible influir en ellos mediante amenazas. Solo queda la alternativa de contraatacar. Solo hay una forma de destruir zombis: destruyendo el cerebro que controla el cadáver. Es decir, hay que pensar con antelación para tener un arma contra los zombis. Hay muchas opciones aquí, especialmente porque la humanidad ha mejorado sus métodos de asesinato a lo largo de su historia.

## ¿Cómo sobrevivir al apocalipsis zombie?

A pesar de la falta de información confiable sobre tal desastre, las instrucciones se escribieron durante mucho tiempo. Los entusiastas están difundiendo con éxito consejos sobre cómo sobrevivir al apocalipsis zombi. En general, los métodos se pueden dividir en varias opciones, que deben considerarse por separado. Hay consejos para familias y ciudadanos solteros, aquellos que el desastre encontró en un apartamento, casa o en el trabajo. Está claro que el algoritmo de rescate depende de las condiciones de partida. Por ejemplo, si ocurre un brote repentino mientras viaja en un vagón de metro o autobús lleno de gente, simplemente no hay escapatoria. Las personas transmitirán instantáneamente el virus a lo largo de la cadena con el aliento o la saliva, el primer infectado morderá al resto.

Al organizar un rescate, es importante evitar el mayor tiempo posible el contacto con los infectados, esconderse, olvidar el coraje. El heroísmo no tiene cabida aquí. Solo el poseedor de un arma atómica puede matar a todos, porque más de siete mil millones de personas ya viven en el planeta. En caso de epidemia, la mayoría de ellos se unirán a las hordas de muertos vivientes.

## Plan de supervivencia

Comencemos viendo recomendaciones sobre cómo sobrevivir en un apocalipsis zombie, con ciudadanos que no son familiares, el género no importa. En primer lugar, es necesario bloquear las ventanas y puertas, es decir, aislarse del mundo exterior. Luego comience a contar y clasificar las existencias. El verdadero apocalipsis zombie en la ciudad es Armagedón, especialmente al principio. Los muertos comenzarán a buscar presas. Formarán manadas y atacarán todo lo que se mueva, así que es mejor esperar. Tardará, según los cálculos, unas dos semanas. Por lo tanto, es necesario abastecerse inmediatamente de agua y alimentos. Solo debe tomar productos que no estén sujetos a un rápido deterioro: productos enlatados, galletas y similares. No aglutine productos que necesiten cocción, será imposible cocinarlos en la ciudad.

## La vestimenta más útil

Un punto importante del plan llamado: "cómo sobrevivir en un apocalipsis zombie" es la capacidad de equiparse adecuadamente. Debe entenderse que el mundo ha cambiado por completo, lo que significa que no hay tiempo para la moda. La ropa y el calzado deben ser duraderos, lo más cómodos posible y fáciles de llevar. El estilo deportivo es exactamente lo que necesita. También prepare una mochila o bolsa en la que pueda caber un cuchillo, comida, agua, cuerdas, fósforos o un encendedor, una linterna, pastillas de cloro para purificar el agua, una máscara antigás, medicamentos, una muda de ropa. No tiene que tomar mucho. Ignore todo lo que no necesite. En lugar de documentos, coloque un destornillador o un cuchillo de cazador. En general, debe concentrarse en las herramientas, serán muy útiles cuando llegue el momento de salir a la carretera. Y no hay posibilidad de sobrevivir en la ciudad.

## Plan para los ciudadanos de la familia

Los niños deben ser entrenados y equipados con especial cuidado. Pueden convertirse en presa fácil incluso para un zombi solitario. Estas criaturas huelen, por lo que es necesario adiestrarlo en supervivencia. Cualquier cosa que tenga a mano servirá: colonia, perfume, sabores de alimentos, gasolina o queroseno. Asegúrese de rociar las ropas de sus hijos con estos líquidos para borrar su olor a humano. Los niños pequeños se colocan mejor en una mochila para facilitar el movimiento. Tendrá que viajar de un apartamento a otro, deteniéndose para descansar. Cada habitación debe estar bien barricada, se deben tomar todas las medidas de seguridad.

## Comida, agua y armas

Uno de los factores más importantes para sobrevivir en tal situación es la disponibilidad de equipo de protección. Las armas de fuego deberán buscarse en tiendas especializadas o en los apartamentos de otras personas. Esto ya no es un robo, sino una medida necesaria. Trate de actuar con cuidado para no atraer a los muertos con ruido. No vaya a cazar solo. Es recomendable reunirse inmediatamente en grupos, para que sea más fácil defenderse. No debería ir a los grandes supermercados justo después de que comience el apocalipsis. Hay muchas personas desafortunadas atrapadas por la epidemia mientras compran. Solo dejarán los edificios después de un cierto tiempo. Posponga la caza por una semana o dos. Es mejor buscar comida en pequeños comercios más cercanos para evitar alejarse de su refugio. Pero se vaciarán rápidamente, luego deberá ir a los hipermercados. Los zombis reales buscan personas y animales, por lo que abandonarán la ciudad cuando ya no queden habitantes. Por lo tanto, si es posible esperar un mes en un departamento, entonces vale la pena usarlo.

## Encuentro con zombis

Nadie puede pasar por alto completamente a los muertos. Por lo tanto, es necesario saber de antemano cómo lidiar con ellos. La técnica es simple: destruir sus cerebros. La primera vez, dará miedo, porque las criaturas no pierden inmediatamente su apariencia humana. Pero la elección es pequeña: o unirse a las hordas de muertos vivientes o matar. Para destruir el cerebro, cualquier arma, desde un cuchillo hasta un rifle, servirá.

Golpee directamente en la cabeza, no pierda tiempo en otros lugares. Se recomienda hacer una lanza atando un buen cuchillo al mango de un trapeador. De esta manera se protege del contacto con las secreciones de los zombis, que pueden ser infecciosas. También es bueno buscar una ballesta. Aprenda a disparar a medida que avanza la pelea. Y es conveniente porque la munición se puede reutilizar. De paso, no se olvide de usar guantes de goma gruesos. Esta herramienta es útil para extraer flechas de cabezas de zombis. Consiga un hacha pesada en la ferretería. Es perfecta para tratar con los muertos vivos.

## ¿Qué dirección tomar?

Hasta el momento, no se sabe nada sobre cómo derrotar a los zombis. La gente tendrá que resolverlo a medida que se desarrolle la situación. Es importante salir de las ciudades y salvar a las personas. Esto requerirá transporte, preferiblemente un automóvil. Puede cargar muchas herramientas útiles que salvarán vidas más adelante. Moverse a los suburbios exteriores. Elija cualquier casa vacía protegida por una zanja o cerca fuerte. Todo esto tendrá que ser consolidado. Use barras de refuerzo y otros montantes de hierro clavándolos en el suelo. Los zombis más reales no brillan con sus mentes, respectivamente, tropezarán con obstáculos y retrasarán a toda la manada. Haga corralitos con latas y cuerdas; le avisarán en caso de peligro. La vivienda debe seleccionarse cerca de una fuente de agua, pero no lejos de la ciudad.

## Los mejores lugares para organizar una base

El tiempo del apocalipsis nivelará a todos, barrerá con las costumbres sociales, ahora se trata de supervivencia. El objetivo es vivir, pero también no formar parte de las bandas de muertos. Por lo tanto, será posible solicitar cualquier espacio desocupado. Lo mejor para la supervivencia, al parecer, será:

- Bases gubernamentales suburbanas
- Unidades militares
- Prisiones
- Objetos flotantes, protegidos.

Tiene que unirse a otras personas y buscar ese lugar especial. Es mucho más fácil organizar la defensa allí. Aunque todavía no se ha gastado toda la gasolina (aunque recuerde que la gasolina tiene fecha de vencimiento), se recomienda buscar una excavadora y cerrar el edificio con una zanja ancha. Será genial si puede llenarla con agua de un río o lago.

## Resumiendo

Ya sea que te encuentres con un zombi típico o con una raza modificada y más inteligente, el género postapocalíptico ofrece consejos para sobrevivir a situaciones extremas y al ataque de un zombi: lo principal no es entrar en pánico.

• Aléjate de los zombis de inmediato. En la mayoría de los casos, usted puede moverse más rápido de lo que cree.

• Recoger alimentos, agua, radio, linternas y armas, trasladarse a un lugar seguro.

• Si es posible, abra un centro comercial, tienda minorista, almacén u otro lugar donde pueda acceder fácilmente a alimentos y artículos de soporte vital.

• Manténgase alejado de áreas densamente pobladas donde es probable que la infestación sea más severa.

• Bloquee todas las entradas, asegúrese de verificar el acceso a las instalaciones desde el sótano.

• Nunca se encierre en un rincón u otro espacio cerrado.

• Recuerde que cualquier persona mordida o muerta por un zombificado se convertirá en una amenaza para usted y los que le rodean. Sin embargo, será más fácil sobrevivir en un grupo de caras conocidas o en un equipo más grande: la elección es individual y depende de su retrato psicológico.

Sí, todo ha ido mal, ha llegado el apocalipsis zombi, pero manténgase alerta, espere pacientemente a los salvadores. Al mismo tiempo, la continuación de la preparación a largo plazo para la supervivencia y el control cuidadoso del territorio de residencia.

## El futuro es más que incierto

Por regla general, en tiempos de crisis, la gente sólo se preocupa por la supervivencia. Aquellos que tengan éxito se enfrentarán a otro problema: qué hacer en un mundo nuevo y aterrador. Tendrán que limpiar el planeta y tratar de no arruinar a la raza humana. Y esto requerirá mucho esfuerzo y trabajo. Gradualmente, los suministros se agotarán, incluso si quedan pocos sobrevivientes. Además, parte de la población saqueará, tratando de satisfacer sus propios deseos, sin preocuparse por el futuro. Tendremos que luchar contra bandidos vivos y muertos. Esto requiere muchas armas. Tu comunidad necesitará renovar constantemente el arsenal. Además, es necesario recolectar más personas normales. Es más fácil defenderse juntos. Pero es peligroso aceptar a todos los que conoce en la comunidad.

Así comenzará una nueva era de la humanidad, si ocurre el apocalipsis. Y será completamente diferente, no igual a la anterior. La mayor parte de la tecnología se perderá rápida e irremediablemente durante la vida de la primera generación de sobrevivientes. Y no se sabe cómo se desarrollará la sociedad. Tal vez los zombis sean derrotados, y las personas descubran en sí mismas otras habilidades más avanzadas, si logran salvar a la población, por supuesto.

Si el apocalipsis zombie ocurrirá es una cuestión de opinión y debate. Pongámoslo de esta manera: con las posibilidades modernas en varios campos de la ciencia, tal conversión de una persona muerta es imposible. Pero, ¿quién sabe qué nos traerá la ciencia del futuro y qué "recetas" surgirán.

# Capítulo 4
# Los Vampiros, su historia

Según las leyendas del mundo, los vampiros son personas cuyo cuerpo sigue viviendo en ausencia del alma. Su inteligencia no pertenece a las cualidades del espíritu, sino al espíritu diabólico. Precisamente por la ausencia del alma, los vampiros no tienen sombra y no pueden verse en el espejo. Su condición de muertos vivientes es consecuencia de un pacto infernal, por el cual entregaron sus almas a cambio de la inmortalidad de sus cuerpos. Pero esta inmortalidad no representa la salvación en la luz, sino la condenación en las tinieblas.

## ¿Desde cuándo se habla de ellos?

La primera aparición de la palabra "upir" (en la primera forma de la palabra que luego se convirtió en "vampiro") se encuentra en un documento del año 1047, en referencia a un príncipe ruso al que se le llama "upir schy", o vampiro peligroso. Más tarde, en 1190, Walter Map en "De Nagis Curialium" se refiere a un vampiro existente en Inglaterra. Al mismo tiempo, en 1196, William of Newburgh en sus "Crónicas" registra varias historias sobre vampiros originarios de Inglaterra.

## Drácula: el vampiro más famoso

Vlad Țepeș fue y es un personaje que fascina tanto al mundo literario como al histórico. Un personaje cuya vida no podríamos reconstruir sin la ayuda de las leyendas, que, por cierto, son muy numerosas. Sin embargo, una leyenda no sólo debe ser utilizada como fuente histórica, sino que al mismo tiempo debe ser sometida a un riguroso examen crítico.

Vlad Tepeș fue objeto de muchas creaciones, tanto literarias como históricas. La famosa novela "Drácula", del escritor irlandés Bram Stoker, no tiene en cuenta la verdad histórica y presenta a Vlad como un personaje negativo, rodeado de cierta aura mística. Desde un punto de vista histórico, la primera monografía completa de este gran caballero rumano, cobró vida a finales del siglo XIX, de la mano del escritor Ioan Bogdan.

El apodo que lleva el padre de Vlad Țepeș, "Dracul", proviene del hecho de que era miembro de la Orden del Dragón, una orden cuyo propósito era luchar contra los herejes e infieles, y preservar los valores del catolicismo occidental. Del nombre de esta orden comenzaron a surgir todo tipo de derivaciones: Drácula, Drăculea, Dragulia, Dracea.

En cuanto a Vlad, existen numerosas leyendas relacionadas con su carácter o cualidades militares. Varios historiadores como Georgios Sphrantzes mencionan solo de pasada la campaña de Mehmet II o Vlad Țepes. Por otro lado, Ducas y Laonic Chalcocondil son fuentes de primera mano. Los historiadores bizantinos, ambos intentaron crear una historia objetiva de la época, pero con cierto énfasis en la historia del Imperio Otomano, cuyo poderío creció imparable.

De ellos sabemos la fama que gozó Țepes, el miedo que inspiraba no sólo a los soldados turcos, sino también a su propio pueblo, lo que hizo que éste no lo traicionara. El Critobul de Imbros, bizantino que se puso al servicio de la Puerta Alta, escribe una historia que se inclina claramente hacia el Imperio Otomano, y dice de Vlad que "olvidándose de todo, mostró su malicia hacia quien confiaba en él", caracterizándolo, así como un traidor. Las fuentes turcas mencionan la malicia y crueldad que mostró Țepeș, así como su método de castigo preferido: el empalamiento, de donde proviene su "apodo" de Țepeș (empalador).

Tras un análisis más detenido, podemos decir que los hechos y acciones del gran caballero rumano no son condenables en absoluto. Entrar en la historia en un período convulso, "en el momento mismo de la desaparición de un imperio milenario, el bizantino y antes de la instalación de uno nuevo - el otomano" - pero al mismo tiempo siendo "el líder correcto en el derecho tiempo" según Ștefan Andreescu, Țepeș logró crear, intencionalmente o no, una imagen legendaria.

Las dos leyendas sobre la vida de Vlad Tepeș, la eslava y la alemana, nos dan información cercana además de veracidad; una vez más vemos el "placer" de Vlad al usar su castigo favorito: el empalamiento (es un método de ejecución donde la víctima es atravesada por una estaca sea por un costado, por el recto, la vagina, por la boca, o cualquier parte del cuerpo).

Por supuesto, si analizamos las dos leyendas, notaremos que la occidental tiende a exagerar, pero debemos tener en cuenta que esta leyenda nació y se dio a conocer en un ambiente un tanto hostil a Vlad. Sin embargo, no podemos ignorar el ambiente de Europa Occidental, que se caracterizó por el fanatismo religioso, la famosa Inquisición o la Italia gobernada a la fuerza por la familia Borgia, cabe preguntarse de dónde venía esta sed de imágenes demoníacas de los europeos occidentales de entonces.

A decir verdad, los rumanos no creen que Vlad el Empalador haya sido un vampiro; pero sí, un líder cruel, que tenía métodos duros para asustar a sus oponentes y a los turcos en particular. El mito de Drácula no es tan fácil de disipar. Tenemos que entender que no podemos luchar contra el impacto de una película hecha por Hollywood.

El monstruo de los Cárpatos, el vampiro de Transilvania, Nosferatu, el gobernante con cara de diablo. En definitiva, los títulos bajo los que apareció a lo largo del tiempo la figura del gobernante Vlad Ţepeş. Con la invención de la imprenta, en 1455, Vlad Ţepeş fue el objetivo de una campaña de panfletos lanzada por Matei Corvin, el gobernante del Reino de Hungría, para denigrar al voivoda rumano. Desde entonces hasta hoy, el efecto "bola de nieve" ha funcionado a la perfección.

## Películas de vampiros

Desde "Nosferatu" de Murnau hasta "Drácula" de Coppola, han existido una gran cantidad de producciones con vampiros, pero los "clásicos" se pueden contar con los dedos de una mano.

"Drácula de Bram Stoker" (1992) ganó tres premios Oscar y logró superar los clichés de ese Drácula barroco y oscuro, plasmando algo del estilo sofisticado y seductor del famoso vampiro de Transilvania. Vale la pena volver a ver la película, entre otras cosas, por la interpretación de Garry Oldman, uno de los mejores actores de su generación.

"Entrevista con el vampiro" (1994), basada en la novela de la reina de la literatura de terror, Anne Rice, reúne a dos de los actores más guapos de Hollywood en un escenario del siglo XVIII: Brad Pitt y Tom Cruise. El primero es el dueño de una plantación que se hace amigo del vampiro Lestat, quien quiere iniciarlo en los secretos de la vida nocturna de unas criaturas sedientas de sangre. El buen manejo de la cámara y la actuación bien dirigida de los actores impresionaron incluso a Anne Rice, quien dedicó una crítica elogiosa de dos páginas a la película en la revista "Variety".

"The Lost Boys" (1987), en la que el neovampiro Kiefer Sutherland aterroriza a un pequeño pueblo de California, cuenta la historia de amantes de la sangre que concilian las exigencias de la vida moderna con el estilo de vida del rock'n'roll.

"Drácula" (1931) - De los vampiros pop de los años 80 volvemos al clásico "Drácula" (1931) interpretado admirablemente por Bela Lugosi. ¿Qué puede ser más aterrador que la atmósfera en blanco y negro cargada de sombras y un silencio espeluznante? Con su acento natural y sus afilados caninos, Lugosi parece haber nacido especialmente para el papel del Conde Drácula.

"Nosferatu" (1922). Finalmente, el thriller gótico "Nosferatu" (1922), firmado por FW Murnau, puede llamarse la película con los actores más odiados. Incluso si no cuenta con el apoyo de los trucos digitales, el guion legendario sigue siendo una de las películas de vampiros más extrañas y oscuras.

## Registro de vampiros

Vayamos a la historia... En tiempos prehistóricos lejanos, cuando había muy poca gente, y un estado estaba a una distancia infranqueable de otro, es decir, prácticamente aislado, no había posibilidad de influencia de unos pueblos sobre otros. Y, sin embargo, en diferentes mitos, leyendas y folclore fuertes: Persia y China, los aztecas y la India, Malasia y Europa y muchos otros, hay criaturas que caen bajo la descripción de vampiros, solo que los llaman de manera diferente. Y qué tal el hecho de que incluso los métodos para matar vampiros en América del Sur, la antigua Europa, los escandinavos y los griegos eran absolutamente idénticos. Nos informan sobre esto las excavaciones arqueológicas de los sitios de entierro de vampiros, que se ven iguales en todas partes. Sí, y el ritual de matar y enterrar vampiros es esencialmente el mismo.

Muchos niegan la existencia de los vampiros, pero a su vez no reniegan de la posibilidad de la existencia de personas con superpoderes, como psíquicos, adivinos, hipnotizadores y, en general, personas superdotadas. Además, la ciencia no puede explicar estas habilidades, pero reconoce el hecho de su existencia. ¿Por qué no creer en vampiros que han perturbado la conciencia de naciones enteras? Pocas personas conocen las palabras de Jean-Jacques Rousseau: "Si hubo una historia verdadera y comprobada en el mundo, es la historia de los vampiros". La historia conoce bien los casos de la Inquisición no solo sobre magos, brujas, sino también sobre vampiros. Se han creado organizaciones enteras para luchar contra los vampiros. Pero a partir de esto, los vampiros solo se vuelven más fuertes, más inteligentes, más astutos. Son verdaderos maestros del disfraz, por lo que se disfrazan fácilmente entre la gente y saben perfectamente de antemano de dónde se puede esperar el ataque hacia su persona.

Es difícil decir cómo es un vampiro porque la apariencia humana es solo una capa exterior, dentro de la cual vive una criatura ajena a este mundo, y no se la puede juzgar como buena o mala, simplemente es diferente. De lo que son capaces estas criaturas, tampoco lo sabemos. Una cosa es segura: necesitan sangre para mantener la vida. Los humanos somos una fuente de alimento para ellos y no se preocupan por nosotros. ¿Dónde están las víctimas? -usted se pregunta-. Cientos de miles de personas desaparecen cada año. Solo en Rusia, más de 120 mil personas desaparecidas están en la lista de personas buscadas, y esta es la población de un gran centro regional. Casi 2 millones de personas desaparecen cada año en el mundo. Científicos, médicos e historiadores han tratado de explicar el fenómeno del vampirismo, pero el enigma sigue sin resolverse. Todavía hay tantas cosas desconocidas e inexplicables en el mundo que solo podemos esperar y creer que en un futuro cercano podremos decir con confianza: ¡los vampiros existen o... no!

En el folclore, el término se usa generalmente para referirse a una criatura chupasangre de las leyendas de Europa del Este, pero las criaturas similares de otros países y culturas a menudo se denominan vampiros. Los rasgos característicos del vampiro en diferentes leyendas varían mucho. Algunas culturas tienen historias sobre vampiros no humanos como murciélagos, perros y arañas.


## Vampiros en la vida real

En el siglo XXI, a principios de la década de 2000, la República Africana de Malawi fue arrasada por una epidemia de vampirismo. Los lugareños arrojaron piedras a varias decenas de personas, sospechosas de consumir sangre. Y las autoridades fueron acusadas de colusión con vampiros. En 2004, los padres de Tom Pere, temiendo que su hijo se convirtiera en un chupasangre, excavaron su tumba y quemaron su corazón. La primera publicación sobre la existencia de vampiros fue en 1975. Se decía que la muerte por mordedura se debía al envenenamiento con veneno de cadáver. Y las visitas de los muertos para visitar a los familiares son provocadas por las alucinaciones de gente impresionable. Ahora, en cualquier país existe la creencia en los vampiros, solo que se les llama de manera diferente.

En América se les llama Tlahuelpuchi, de día son personas, de noche son murciélagos chupasangre. Las criaturas australianas Yara-mo-yaha-hu tienen extremidades largas con ventosas, con las que beben sangre. En Rumania, Vorcalak, un perro vampiro. Los chinos creen en un zorro vampiro, las niñas que mueren por golpes y violencia se convierten en uno. Japón es el hogar de los Kappas, niños ahogados que se alimentan de la sangre de los bañistas. La India está habitada por Rakshasas inmortales, que toman cualquier forma.

# Capítulo 5
# ¿Qué sabemos
# sobre los vampiros?

**¿Cómo se convierten los vampiros?**

Las personas generalmente se convierten en vampiros si son mordidas, pero no muertas, por un vampiro. Otras leyendas dicen que el cuerpo se convierte en vampiro cuando un gato o un perro salta sobre él. Aún otras leyendas dicen que las brujas o los magos se convierten en vampiros cuando mueren.

Los vampiros normalmente necesitan o anhelan sangre, generalmente sangre humana. Los vampiros suelen obtener sangre mordiendo el cuello de la víctima y chupando la sangre. En algunas leyendas, los vampiros hacen incisiones largas y profundas para chupar la sangre.

Los vampiros no suelen tolerar la luz del sol ni el fuego. Suelen dormir durante el día y salir de noche y actuar sólo en las horas oscuras. Los vampiros suelen pasar sus días en un ataúd o enterrados en el suelo.

Los vampiros no pueden cruzar el agua corriente y no pueden entrar en una casa o habitación sin ser invitados. Algunas leyendas afirman que los vampiros pueden reencarnarse en murciélagos o lobos. Al mismo tiempo, las uñas de los vampiros son como el cristal.

## ¿Cómo se eliminan y destruyen los vampiros?

Algunas leyendas dicen que los vampiros no pueden soportar el sonido de las campanas, especialmente las campanas de las iglesias.

Cuenta la leyenda que, por lo general, una estaca de madera clavada en el corazón del vampiro lo matará. La estaca debe estar hecha de cierto tipo de madera, como palo de rosa.

Algunas leyendas dicen que los vampiros son ahuyentados con la ayuda del crucifijo, el agua bendita o el ajo.

## Tradiciones populares rumanas

La mayoría de las veces, en las tradiciones populares rumanas, los vampiros se identifican con los muertos vivientes, que vienen y chupan la sangre de los vivos mientras duermen. Debido a que nunca se sabe a ciencia cierta de ninguna persona, en el momento en que se le entierra si será no-muerto o no, en algunas zonas se coloca un limón en cada fosa nasal del muerto, "para que ya no pueda respirar", o en sus oídos, en los ojos y en la boca. Antiguamente, los cadáveres se exhumaban de tres a siete años después del entierro y, si su descomposición no era completa, se les introducía una estaca en el corazón (la estaca era de palo de rosa silvestre o de fresno, en otras partes, con un hierro rojo).

Para que el no-muerto finalmente perezca, aquellos que lo desenterraron deben clavarle la estaca en el corazón (u ombligo); o, desgarrando al muerto para sacar su corazón de su pecho y quemarlo en las brasas, como certeza de que está muerto.

El vampiro no puede alejarse demasiado de su refugio, ya que debe regresar antes del amanecer. Si se sospecha la presencia malvada de un vampiro en un área, se llama a un niño o una niña, lo suficientemente joven como para ser virgen. El elegido debe montar un caballo de un solo color, blanco, atigrado o negro, también virgen. El caballo con el niño jinete es llevado al cementerio y se le hace pasar por todos los fosos. Si se niega a cruzar un pozo, significa que hay un no-muerto. En lo que respecta a los muertos vivientes, se considera que cualquier persona que no coma ajo, o que tenga aversión al ajo, puede ser un muerto viviente.

## El aporte de diversas culturas

Incluso hoy en día, los gitanos ocupan un lugar destacado en los libros y películas de ficción de vampiros, sin duda influenciados por Drácula de Bram Stoker, en la que los gitanos sirvieron a Drácula cargando sus cajas de barro y protegiéndolo. Las creencias gitanas tradicionales incluyen la idea de que el alma del difunto entra en un mundo similar al nuestro, excepto que allí no hay muerte. El alma se queda cerca del cuerpo y a veces quiere volver. Las leyendas gitanas sobre los muertos vivientes enriquecieron las leyendas de vampiros de Hungría, Rumania y las tierras eslavas. El hogar ancestral de los gitanos, India, tiene muchas personalidades vampíricas. Bhut o Pret es el alma de una persona que murió prematuramente. Por la noche, deambula entre cadáveres reanimados y ataca a los vivos, como un vampiro.

En el norte de la India, según la leyenda, se puede encontrar Brahmarākn Şhasa, una criatura parecida a un vampiro con la cabeza cubierta de intestinos y un cráneo del que bebía sangre. Vetala y pishacha son criaturas ligeramente diferentes, pero de alguna forma se parecen a los vampiros. Dado que el hinduismo cree en la transmigración de las almas después de la muerte, se cree que, al llevar una vida viciosa o disoluta, así como a través del pecado y el suicidio, el alma se reencarna en un tipo similar de espíritus malignos. Esta reencarnación no se determina al nacer, etc., sino que se "gana" directamente durante la vida, y el destino de tal espíritu maligno está predeterminado por el hecho de que debe obtener la liberación y volver a entrar en el mundo de la carne mortal en la próxima reencarnación.

La deidad india más famosa asociada con beber sangre es Kali, que tiene colmillos, lleva guirnaldas de cadáveres o calaveras y tiene cuatro brazos. Sus templos están cerca de los terrenos de cremación. Ella y la Diosa Durga lucharon contra el demonio Raktabija, que podía multiplicarse con cada gota de sangre derramada. Kali bebió toda su sangre para que no se derramara ni una gota, ganando así la batalla y matando a Raktabija. Curiosamente, el nombre Kali es un apéndice de la santa gitana oficialmente no reconocida Sarah (Sara). Según la leyenda, la gitana Sara sirvió a la Virgen María y a María Magdalena y desembarcó con ellas en la costa de Francia. Los gitanos todavía celebran la ceremonia la noche del 25 de mayo en el mismo pueblo francés donde se supone que tuvo lugar el evento.

Dado que el santuario de Sara Kali está ubicado bajo tierra, los residentes locales han sospechado durante mucho tiempo del culto nocturno del "santo gitano", y entre las versiones presentadas por ellos se encontraba la participación del culto de Sara Kali en el satanismo y organizaban orgías de vampiros. de gitanos. Los vampiros en el folclore gitano a menudo se llaman simplemente mullo (muertos).

## Creencias populares sobre los vampiros

Parece que antes del siglo XIX, los vampiros en Europa eran descritos como horribles monstruos de la tumba. Los vampiros solían ser suicidas, criminales o hechiceros malvados, aunque en algunos casos el "engendro del pecado" que se convertía en vampiro podía transferir su vampirismo a víctimas inocentes. Sin embargo, en ocasiones la víctima de una muerte cruel, intempestiva o violenta también puede convertirse en vampiro. La mayoría de las creencias vampíricas rumanas (a excepción de los muertos vivientes) y las historias europeas de vampiros son de origen eslavo. Se puede matar a un vampiro clavando una estaca o algo plateado (bala, daga) en el corazón o quemándolo.

En las creencias eslavas, las causas del vampirismo podrían ser el nacimiento con dientes o cola, concepción en ciertos días, muerte "incorrecta", excomunión y ritos funerarios incorrectos. Para evitar que el muerto se convierta en vampiro, se debía poner un crucifijo en el ataúd, poner un objeto debajo de la barbilla para evitar que el cuerpo se coma la mortaja, poner ropa en las paredes del ataúd, aserrín en el ataúd, o perforar el cuerpo con espinas o estacas. En el caso de las estacas, la idea básica era clavar la estaca en el suelo a través del vampiro, manteniendo así el cuerpo en el suelo.

La evidencia de que hay un vampiro en el área incluye la muerte de ganado, ovejas, parientes o vecinos, un cuerpo exhumado que parece estar vivo con uñas o cabello que vuelve a crecer, un cuerpo hinchado como un tambor o sangre en la boca asociada con una cara roja.

Los vampiros podían ser destruidos cortándoles la cabeza (decapitación), quemándolos, repitiendo el funeral, rociando el cadáver con agua bendita (o exorcismo, el rito de destierro de los malos espíritus).

En la Palabra de San Gregorio (escrita en los siglos XI-XII) se afirma que los paganos rusos hacían sacrificios a los vampiros. También se encontraron historias de criaturas vampíricas entre los antiguos romanos y entre los habitantes romanizados de Europa del Este, los rumanos (conocidos como valacos en el contexto histórico). Rumania está rodeada de países eslavos, por lo que no es de extrañar que los vampiros rumanos y eslavos sean similares. Los vampiros rumanos se llaman strigoi, del antiguo término griego strix que significa búho chillón, que también pasó a significar demonio o bruja.

Hay diferentes tipos de muertos vivientes. Los muertos vivientes son brujas vivientes que se convierten en vampiros cuando mueren. Por la noche, pueden enviar sus almas al encuentro de otras brujas o muertos vivientes, que son cuerpos reanimados que regresan para chupar la sangre de familiares, animales y vecinos. Otros tipos de vampiros en el folclore rumano incluyen a los Moroi y Prickly. Los nacidos con pezón extra, pelo extra, nacidos prematuramente, nacidos de madre que se cruzó en el camino de un gato negro, nacidos con rabo, hijos ilegítimos, así como los que fallecieron de muertes no naturales o muertos antes del bautismo estaban destinados a convertirse en vampiros, así como el séptimo hijo del mismo sexo en la familia, el hijo de una mujer embarazada que no comía sal o que estaba vigilada por un vampiro o una bruja. Además, ser mordido por un vampiro significaba una condena incuestionable de la existencia de los vampiros después de la muerte.

Por lo general, se veía al vampiro atacando a la familia y los animales o tirando cosas por la casa. Se creía que los vampiros, junto con las brujas, estaban más activos el día de San Jorge (22 de abril en el calendario juliano, 6 de mayo en el calendario gregoriano), la noche en que todo tipo de mal emerge de sus guaridas. El día de San Jorge todavía se celebra en Europa.

Un vampiro en una tumba podría identificarse por los agujeros en el suelo, un cadáver descompuesto con la cara roja o si una de las piernas estaba en la esquina del ataúd. Los vampiros vivos fueron identificados distribuyendo ajo en la iglesia y observando a los que no lo comían. Las tumbas a menudo se abrían tres años después de la muerte de un niño, cinco años después de la muerte de un joven y siete años después de la muerte de un adulto, para probar al difunto en busca de vampirismo.

Las medidas para ayudar a prevenir la transformación en vampiro incluían los preparativos cuidadosos para el entierro de cadáveres, incluida la prevención de que los animales pastaran sobre el cadáver. A veces, se colocaba un tallo espinoso de una rosa silvestre en la tumba y, para protegerse contra un vampiro, se colocaba ajo en las ventanas y se frotaba con ajo sobre el ganado, especialmente en el día de San Jorge y San Andrés.

En el siglo XIX, algunos, también, para eliminar a un vampiro, perforaban el ataúd con una bala. Si la bala no atravesaba, se desmembraba el cuerpo, se quemaban las partes, se mezclaban con agua y se entregaban a los familiares como medicina.

Se cree también que el vampiro puede regresar de la muerte y hacer cosas malas y/o beber la sangre de alguien (generalmente parientes que causaron su muerte o no observaron la ceremonia de entierro adecuada, o que se quedaron con la propiedad del difunto en lugar de destruirla). Las mujeres vampiro pueden volver, llevar una vida normal e incluso casarse, pero agotarán al marido. En general, en las leyendas de los gitanos, los vampiros se distinguen por un mayor apetito sexual. Cualquier persona con una apariencia inusual, como la falta de un dedo o un apéndice animal, labio hendido o paladar hendido, ojos azules brillantes, etc., podría convertirse en vampiro. Si nadie vio cómo murió la persona, entonces el difunto se convirtió en vampiro; así como si el cadáver se hubiera hinchado antes de tener tiempo de enterrarse.

Las plantas, los perros, los gatos e incluso las herramientas agrícolas podrían convertirse en vampiros. Si una calabaza o un melón permanece en el interior por mucho tiempo, comenzará a moverse, a hacer ruido o a mancharse de sangre. Para protegerse del vampiro, los gitanos insertaban alfileres de acero en el corazón de un cadáver o ponían piezas de acero en la boca, sobre los ojos, las orejas y entre los dedos durante el entierro. También ponían espino en el calcetín de un cadáver o clavaban estacas de espino en los pies. Según el difunto etnólogo serbio Tatomir Vukanović, el pueblo romaní de Kosovo creía que los vampiros eran invisibles para la mayoría de la gente

Algunas características comunes de los vampiros en el folclore dificultan hacer una descripción general de los vampiros, ya que sus rasgos varían mucho entre culturas. Un vampiro es una criatura relativamente inmortal, puedes matarlo, pero no envejece. En varias obras del folclore europeo se mencionan vampiros, cuya edad es de más de 1 mil años. Un vampiro es un ser sobrenatural y posee una fuerza física que es muchas veces mayor que la de un humano, sin mencionar habilidades sobrenaturales.

Para evitar que un aspirante a vampiro se levante de la tumba, el cuerpo se entierra boca abajo, se le cortan los tendones de las rodillas o se colocan semillas de amapola en el suelo para obligarlo a contarlas toda la noche.

Las historias de vampiros chinos también afirman que, si un vampiro se encuentra con una bolsa de arroz en el camino, contará todos los granos. Mitos similares se registran en la península india. Las historias sudamericanas sobre brujas y otra clase de espíritus y seres malignos o malévolos también hablan de una tendencia similar en sus personajes. Hay casos en que personas sospechosas de vampirismo fueron enterradas boca abajo, y se le metía en la boca un ladrillo o una piedra grande. Dichos restos fueron descubiertos en 2009 por un equipo de arqueólogos ítalo-estadounidenses en el centro histórico de Venecia.

A veces se cree que los vampiros pueden cambiar de forma más allá del estereotipo común de un murciélago que se ve en películas y dibujos animados. Los vampiros pueden transformarse en lobos, ratas, polillas, arañas, serpientes, búhos, cuervos y más. Los vampiros de las leyendas europeas no proyectan sombras y no tienen reflejo. Quizás esto se deba a su falta de alma.

En la tradición cristiana, los vampiros no pueden entrar en una iglesia u otro lugar sagrado porque son sirvientes del diablo.


**Tipos de vampiros**

• **Característica Real:** Enviado por el mismo Lucifer a nuestra Tierra. Su objetivo es aumentar el número de personas que sufren. Tienen bastante resistencia, pero no toleran la luz solar y el olor a ajo.

Por sus venas corre sangre pura, que no está corrompida por los genes humanos. Se destacan con mayor frecuencia por su piel clara y sus dientes bastante largos. Hoy en día, solo quedan unos pocos, pero están constantemente entre la multitud.

•    **Moderno:** Un híbrido formado por la mezcla con datos humanos. No tan fuerte como la primera especie, pero también sensible a la luz del día y al ajo. Es difícil distinguirlo del hombre común.

•    **Energético**: Como sugiere su nombre, la energía humana se utiliza como fuente de energía por el chupasangre. Se alimentan exclusivamente de sangre humana.

## ¿Qué significa soñar con vampiros?

Hay personas que creen que la existencia de chupasangres en la vida real es posible, por lo que tienen miedo de encontrarse con ellos. Si esta criatura malvada se le aparece en un sueño, lo más probable es que le esperen eventos desagradables. Para conseguir una interpretación más correcta y amplia trate de recordar cada detalle de la trama que vio y las emociones que experimentó. Es preferible que apenas se despierte tome nota de los detalles y luego compárelos con los siguientes significados:

Si soñó con un vampiro significa que la sangre le sigue Posible enfermedad o pérdida de fuerza. Grandes cambios próximos que involucran problemas y sufrimiento. Cierta persona, dotada de cierto poder, tendrá un impacto significativo en su vida tranquila y equilibrada.

Si está en la misma mesa con estos espíritus malignos, prepárese para un largo viaje que no traerá los resultados deseados.

Ataúd con un vampiro dentro: Se esperan serios daños al curso actual de sus asuntos.

Mordido por un vampiro: Pronto recibirá noticias de futuras pérdidas y dificultades. También puede decir que las Fuerzas Superiores le advierten de una intriga inminente, como resultado de lo cual puede volverse dependiente de una persona dotada de poder.

Para una dama soltera: El siguiente es el desarrollo de relaciones con un nuevo conocido, que no traerá nada bueno.

Para mujeres casadas: La aparición de un admirador secreto que le empujará a cometer actos injustos.

Hombre lobo atacándole: Prepárese para las dificultades que le presentará el destino. No se excluye la pérdida de una persona querida por el corazón.

Ver al vampiro beber sangre: La aparición de una enfermedad peligrosa en uno de los familiares o conocidos.

Convertirse en un vampiro: La confianza en usted mismo le empuja a actuar precipitadamente. Como resultado, esto puede causar problemas y eventos peligrosos. Este sueño también puede indicar que está acostumbrado a lidiar con sus propias dificultades a expensas de los demás.

Alimentarse de la sangre de otra persona: El deseo de satisfacer sus propias necesidades puede empujarlo a infringir la ley. Paralelamente, estará sujeto a problemas materiales o correrá peligro de enfermedad grave.

Derrotar al espíritu maligno: Su sabiduría e ingenio le permitirán maniobrar con éxito en la vorágine de los problemas y manejarse en circunstancias difíciles.

## Rituales

Los antiguos curanderos, que conocían la magia negra, conocían los rituales para convocar a estos demonios del reino de los muertos. Tales acciones se llevaron a cabo solo de noche, porque la luz del día es dañina para los chupasangres. Aquí se indica cómo hacerlos (si se anima):

Para la ceremonia de medianoche, coloque dos espejos uno frente al otro en una habitación oscura. Párese cerca formando un círculo en el piso. Afuera, coloque dos velas negras y enciéndelas. Siéntese en posición de loto y, mirándose en los espejos, diga el siguiente texto: "Tengo la oportunidad de comunicarme con las fuerzas oscuras y aclarar toda la información necesaria. Evil ven a mí".

Después de completar el ritual, cubra los espejos usados con un trozo de tela oscura y solo entonces abandone el círculo. Asegúrese de limpiar las superficies del espejo de efectos adversos con el otro mundo. Para hacer esto, expóngalos durante tres días bajo los rayos del sol, habiendo dibujado previamente cruces, y cúbralos con un paño denso por la noche. Nunca los use en la vida cotidiana.

## Cómo invocar un espíritu de hombre lobo

Como segundo rito, que se puede realizar de forma independiente, puede ofrecer lo siguiente. Extienda las cubiertas frente al espejo instalado, coloque las velas en un círculo y coloque una corona (réplica o de laurel). Esta última debe reflejarse en la superficie del espejo. Mírese en el espejo y diga: "Si mis acciones son correctas, veré una señal oscura de energía". Esta entidad puede ser cuestionada o solicitada para llevar a cabo su plan. Una vez finalizado el proceso, encienda la luz y apague las velas.

# Capítulo 6
# La ciencia y el vampirismo

## Síntomas médicos de confusión con vampirismo

Hay tres síntomas médicos por los que la gente común puede ser confundida con vampiros: porfiria, anemia, catalepsia.

**La porfiria** es una rara enfermedad genética de la sangre. Provoca piel pálida, sensibilidad a la luz y hace que los incisivos se vean más grandes. La Porfiria fue la que más influyó en la leyenda de los vampiros.

**La anemia** conduce a un color de cara muy pálido y puede dar la impresión de vampirismo.

**La catalepsia** puede causar la muerte clínica durante un período de varios días. Una persona que sale de tal estado aparece como una persona que resucita de entre los muertos.

## ¿Hay vampiros en nuestro mundo?

Las leyendas de vampiros son tan antiguas como la propia imaginación humana. A pesar de la falta de anales que ayudarían a establecer la era exacta de la aparición de estas criaturas mortales, los vampiros siempre han sido parte del folclore. E incluso cuando la humanidad alcanzó un nuevo nivel intelectual, volvió y atacó la conciencia de las personas a través de imágenes artísticas creadas por escritores y cineastas. El vampiro moderno es en muchos sentidos superior a su contraparte antigua del mito y la leyenda, que fue representado como una terrible criatura chupasangre con garras largas, piel pálida y durmiendo en un ataúd. El misterio que rodea a los vampiros alimenta aún más el interés por ellos. Además, ha surgido un nuevo culto: ¡el vampirismo! Y como resultado, hoy la creencia en los vampiros es más fuerte que nunca.

Internet está lleno de preguntas: ¿existen los vampiros en la vida real? ¿Hay vampiros entre nosotros? ¿Dónde encontrar un vampiro? Estas preguntas han sido discutidas miles de veces por personas de todo el mundo. No tiene sentido negar que los vampiros realmente existen, solo hay que decidir a quién te refieres con la palabra vampiro. Entre nosotros hay personas que se hacen llamar verdaderos vampiros: The Sanguinary.

Pero los sanguinarianos no son vampiros. Sí, para una existencia normal (según ellos) necesitan beber sangre, de la que "reciben la energía vital, sin la cual están débiles y enfermos". Nacen vampiros o buscan formas de convertirse en vampiros porque lo consideran su vocación. En algún momento de la adolescencia, comienzan a sentir una falta de sangre aguda, que se corona con un evento llamado "despertar". Exteriormente, los vampiros reales casi no son diferentes de nosotros y, por supuesto, no son criaturas sedientas de sangre. Dan gracias con una pequeña cantidad de sangre y no todos los días. La mayoría se alimenta de sangre animal, que compra, por ejemplo, en un matadero, o incluso, sangre humana. En cuanto a las habilidades sobrenaturales, no las tienen, así como la inmortalidad.

## Los vampiros en el siglo XVIII

En el siglo XVIII, hubo un gran pánico por los vampiros en Europa del Este. Incluso los funcionarios públicos se vieron atraídos por la caza de vampiros. Todo comenzó con un estallido de quejas sobre ataques de vampiros en Prusia Oriental en 1721 y en la Monarquía de los Habsburgo de 1725 a 1734. Dos casos famosos (y por primera vez completamente documentados por las autoridades) involucraron a Peter Plogojowitz y Arnold Paole de Serbia. Según la historia, Blagojevich murió a la edad de 62 años, pero regresó varias veces después de su muerte, pidiéndole comida a su hijo. El hijo se negó y fue encontrado muerto al día siguiente. Blagojevich pronto regresó y atacó a algunos de los vecinos, quienes murieron desangrados.

En otro caso famoso, Arnold Paole, un ex soldado convertido en agricultor supuestamente atacado por un vampiro unos años antes, murió mientras orinaba. Después de su muerte, la gente comenzó a morir y todos pensaron que Paole estaba persiguiendo a los vecinos. Estos dos incidentes estaban muy bien documentados. Los funcionarios estudiaron los casos y cadáveres, los describieron en informes, y tras el caso Paole se publicaron libros que circularon por toda Europa. El debate duró una generación. El problema se vio agravado por la epidemia de los llamados ataques de vampiros en la aldea, y los lugareños comenzaron a excavar las tumbas. Muchos científicos argumentaron que los vampiros no existían y citaron la rabia y los entierros prematuros. Sin embargo, Antoine Augustine Calmet, un respetado teólogo y científico francés, reunió toda la información y en 1746 la plasmó en un tratado en el que, si no confirmaba la existencia de los vampiros, al menos la admitía. Recopiló informes de incidentes de vampiros, y muchos lectores, incluidos tanto el crítico Voltaire como sus compañeros demonólogos, tomaron el tratado como una declaración de que los vampiros existían.

Según algunas investigaciones modernas y a juzgar por la segunda edición de la obra en 1751, Calmet se mostró algo escéptico sobre la idea de los vampiros como tales. Admitió que algunas partes del informe, como la preservación de los cuerpos, podrían ser ciertas. Cualesquiera que sean las creencias personales de Calmet, finalmente, la emperatriz María Teresa de Austria envió a su médico personal, Gerhard van Swieten, para investigar el caso. Llegó a la conclusión de que los vampiros no existían, por lo que la emperatriz emitió una ley que prohibía la apertura de tumbas y la profanación de cadáveres. Era el final de la epidemia de vampiros. Aunque en este momento muchas personas sabían sobre los vampiros, y pronto los autores de ficción adoptaron y adaptaron la idea de los vampiros, dándolo a conocer a la mayoría de las personas.

## En Nueva Inglaterra

En los siglos XVIII y XIX, la creencia en los rumores de vampiros no solo llegó a los oídos del Rey de Inglaterra, sino que también se extendió por toda Nueva Inglaterra

(EE.UU.), especialmente en Rhode Island y el este de Connecticut. En estas zonas hay muchos casos documentados de familias exhumando a seres queridos y extrayendo corazones de cadáveres, creyendo que el difunto era un vampiro responsable de enfermedades y muertes en la familia (aunque nunca se usó la palabra "vampiro" para describirlo).

El caso más famoso (y el último registrado) fue el de Mercy Brown, de diecinueve años, quien murió en Exeter, EE. UU., en 1892. Su padre, asistido por el médico de familia, la sacó de la tumba dos meses después de su muerte. Su corazón fue cortado y reducido a cenizas. Se encontró un registro de este incidente entre las obras de Bram Stoker, y la historia se parece mucho a los eventos de su novela clásica Drácula.

**Creencias modernas en los vampiros**

La creencia en los vampiros todavía existe. Si bien algunas culturas han conservado sus creencias originales de muertos vivientes, la mayoría de los creyentes modernos están influenciados por la representación artística del vampiro tal como se muestra en las películas y la literatura.

En la década de 1970 hubo rumores (difundidos por la prensa local) de una caza de vampiros en el cementerio de Highgate de Londres. Cazadores de vampiros adultos abarrotaban el cementerio en grandes cantidades. Entre los muchos libros que describen este incidente están los de Sean Manchester, un residente local que fue uno de los primeros en sugerir la existencia del "vampiro de Highgate" y que afirmó haber expulsado y destruido todo el nido de vampiros de la zona.

En el folklore moderno de Puerto Rico y México, el chupacabras es considerado una criatura que come la carne o bebe la sangre de animales domésticos. Esto da motivos para considerarla un tipo diferente de vampiro. La "histeria del chupacabras" a menudo se ha asociado con profundas crisis económicas y políticas, particularmente a mediados de la década de 1990.

A fines de 2002 y principios de 2003, la histeria sobre los llamados ataques de vampiros se extendió por toda la nación africana de Malawi. La multitud apedreó a uno hasta la muerte y atacó al menos a otros cuatro, incluido al gobernador Eric Chiwaya, basándose en la creencia de que el gobierno estaba confabulado con los vampiros.

En Rumania, en febrero de 2004, algunos familiares del difunto Toma Petre temieron que se hubiera convertido en vampiro. Sacaron su cuerpo, le arrancaron el corazón, lo quemaron y mezclaron las cenizas con agua potable.

En enero de 2005, hubo rumores de que alguien había mordido a varias personas en Birmingham, Inglaterra. Luego hubo rumores de un vampiro vagando por la zona. La policía local, sin embargo, afirmó que no se habían denunciado tales delitos. Aparentemente, este caso era una leyenda urbana.

En 2006, el físico matemático estadounidense Costas J. Efthimiou (Ph.D. in Mathematical Physics, Associate

Professor at the University of Central Florida), junto con su alumno Sohang Gandhi, publicaron un artículo que utilizaba una progresión geométrica para tratar de explicar los hábitos alimenticios de los vampiros, argumentando que si cada alimentación de un vampiro produce otro vampiro, entonces es solo cuestión de tiempo antes de que toda la población de la Tierra esté formada por vampiros. Sin embargo, la idea de que la víctima de un vampiro se convierte en vampiro no aparece en todo el folklore vampírico y generalmente no es aceptada por la gente moderna que cree en ellos.

## El fenómeno natural que difundió la creencia en los vampiros

El vampirismo en el folclore generalmente se asociaba con una serie de muertes por enfermedades no especificadas o misteriosas, generalmente en la misma familia o pequeña comunidad. El carácter epidémico es evidente en los casos clásicos de Peter Plogojowitz y Arnold Paole, así como en el caso de Mercy Brown y la superstición vampírica de Nueva Inglaterra en general, cuando cierta enfermedad, la tuberculosis, se asoció con brotes de vampirismo.

En 1725, Michael Ranft, en su libro "De masticatione mortuorum in tumulis", hizo el primer intento de explicar las creencias vampíricas de forma natural. Él dice que, por la muerte de cada campesino, alguien más (muy probablemente alguien que tenía algún tipo de relación con el difunto), que vio o tocó el cadáver, finalmente murió de la misma enfermedad o delirando como loco, por solo mirar al difunto. Estos moribundos dijeron que el difunto se les apareció y los torturó de diversas formas.

Algunos eruditos modernos objetan que las historias de vampiros pueden haber sido influenciadas por una rara enfermedad llamada Porfiria. Se pensaba que la porfiria era más frecuente en las pequeñas aldeas de Transilvania (hace unos 1000 años) donde podría haber ocurrido una endogamia cercana. Dicen que, si no fuera por esta "enfermedad vampírica", no habría mitos sobre Drácula u otros personajes bebedores de sangre, temerosos de la luz y empuñando colmillos.

Para casi todos pacientes que sufren de una forma avanzada de Porfiria los síntomas son similares, y para los observadores externos, se trata de un vampiro típico. Las causas y la descripción de la evolución de la enfermedad solo se lograron completar en la segunda mitad del siglo XX, donde fue precedida por una despiadada lucha con los demonios durante siglos: de 1520 a 1630 (110 años). Solo en Francia ejecutaron a más de 30 sospechosos de vampirismo. Se cree que una persona entre 200 mil sufre de esta rara forma de patología genética, y si está registrada en uno de los padres, en el 25% de los casos el niño también puede tenerla. También se cree que la enfermedad es una consecuencia del incesto.

En medicina se han descrito unos 80 casos de Porfiria congénita aguda, cuando la enfermedad era incurable. La porfiria eritropoyética (enfermedad de Gunther) se caracteriza por el hecho de que el cuerpo no puede producir el componente principal de la sangre: los glóbulos rojos, lo que a su vez se refleja en la deficiencia de oxígeno y hierro en la sangre. El metabolismo de los pigmentos se altera en la sangre y los tejidos, y bajo la influencia de la radiación ultravioleta solar o los rayos ultravioleta, comienza la descomposición de la hemoglobina. Además, durante el curso de la enfermedad, la parte no proteica de la hemoglobina, el hemo, se transforma en una sustancia tóxica que corroe el tejido subcutáneo. La piel comienza a tomar una tonalidad pardusca, se vuelve más delgada y se agrieta por la exposición a la luz solar, de modo que los pacientes con el tiempo se cubren de cicatrices y úlceras. Las úlceras y la inflamación afectan el cartílago, la nariz y las orejas, deformándolos. Junto con los párpados ulcerados y los dedos torcidos, esto desfigura increíblemente a una persona. Los pacientes están contraindicados a la luz solar, lo que les trae un sufrimiento insoportable.

La piel alrededor de los labios y las encías se seca y se tensa, lo que hace que los incisivos queden expuestos a las encías, creando un efecto de sonrisa. Otro síntoma es la deposición de porfirina en los dientes, que pueden volverse rojos o marrón rojizos. Además, la piel de los pacientes se vuelve muy pálida, durante el día sienten una depresión y letargo, que se reemplaza por un estilo de vida más activo por la noche. Debe repetirse que todos estos síntomas son característicos solo de las etapas posteriores de la enfermedad, además, existen muchas otras formas menos aterradoras. Como se mencionó anteriormente, la enfermedad fue prácticamente incurable hasta la segunda mitad del siglo XX. Hay evidencia de que, en la Edad Media, supuestamente, los pacientes eran tratados con sangre fresca para suplir la escasez de glóbulos rojos, lo cual, por supuesto, es increíble, ya que es inútil usar sangre "por vía oral" en tales casos.

Los que sufrían de Porfiria no podían comer ajo porque el ácido sulfónico que libera el ajo agrava los daños causados por la enfermedad.

La enfermedad de Porfiria también se puede inducir artificialmente mediante el uso de ciertos productos químicos y venenos. Algunas formas de Porfiria están asociadas con síntomas neurológicos que pueden causar trastornos psiquiátricos. Sin embargo, la sugerencia de que los pacientes de Porfiria anhelan el hemo de la sangre humana o que consumir sangre puede reducir los síntomas de la Porfiria se basa en un grave malentendido de la enfermedad.

La rabia es otra enfermedad asociada con el folclore vampírico. Quienes padecen esta enfermedad evitan la luz solar y no se miran en los espejos y tienen saliva espumosa cerca de la boca. A veces, esta saliva puede ser roja y parecerse a la sangre. Sin embargo, al igual que con la Porfiria, no hay evidencia que indique que la rabia podría haber inspirado leyendas vampíricas. Algunos psicólogos modernos identifican un trastorno llamado "vampirismo clínico" (o síndrome de Renfield, por el Drácula come insectos de Bram Stoker), en el que la víctima está obsesionada con beber sangre humana o animal.

Hubo varios asesinos que realizaron rituales de vampiros en sus víctimas. Los asesinatos en serie llevados a cabo por Peter Kurten, que aterrorizaron los alrededores de Düsseldorf (a veces llamado el alemán Jack el Destripador), acechaban a sus víctimas en las carreteras rurales, las mataban y bebían su sangre, y junto a Richard Trenton Chase fueron llamados vampiros en los tabloides después de que se los encontró bebiendo la sangre de las personas que mataron.

Hubo otros casos de vampirismo: en 1974, Walter Locke, de 24 años, fue sorprendido secuestrando al electricista Helmut May, de 30 años, mordiéndose una vena del brazo y bebiendo un vaso de sangre. En el mismo año, incluso se ordenó a la policía en Inglaterra que patrullara los cementerios y capturara a tales sujetos.


## Señales falsas de vampirismo

Cuando se abría el ataúd de un presunto vampirista, a veces se encontraba que el cadáver tenía un aspecto inusual. Esto a menudo se tomaba como evidencia de vampirismo. Sin embargo, los cadáveres se descomponen a diferentes velocidades según la temperatura y la composición del suelo, y algunos signos de descomposición no son muy conocidos. Esto llevó a los cazadores de vampiros a concluir falsamente que el cadáver no se había descompuesto en absoluto, o a interpretar los signos de descomposición como signos de vida continua. Los cadáveres se hinchan a medida que los gases de la descomposición se acumulan en el cuerpo y la sangre intenta salir del mismo. Esto le da al cuerpo una apariencia "gorda" y "vergonzosa", cambios que son más notorios si la persona estuvo pálida y delgada durante su vida.

Si se inserta una estaca en el cuerpo, el cuerpo puede comenzar a sangrar y los gases acumulados comenzarán a salir. Se puede escuchar un gemido cuando el gas comienza a pasar por las cuerdas vocales o un sonido característico cuando el gas se escapa por el ano. Lo mismo ocurre cuando se le quita la soga del cuello a un ahorcado, los gases acumulados salen por la garganta dando una apariencia de seguir con vida.

Después de la muerte, la piel y las encías pierden líquido y se encogen, dejando al descubierto parte del cabello, las uñas y los dientes, incluso los que estaban ocultos en la mandíbula. Esto crea la ilusión de que el cabello, las uñas y los dientes han vuelto a crecer. En una determinada etapa, las uñas se caen, la piel se desprende, como en el informe del caso de Plogojowitz: la piel y las uñas que aparecieron se percibieron como "piel nueva" y "uñas nuevas". Eventualmente, a medida que se descompone, el cuerpo comienza a moverse y deformarse, lo que aumenta la ilusión de que el cadáver se estaba moviendo.

#######